여기는 말레이시아의 보르네오 섬.
나는 해가 뜨자마자 조그만 보트를 타고
동물들을 관찰하러 나갔습니다.
섬 북동부를 흐르는 키나바탕안 강 주변 숲에는
수많은 종류의 동물들이 살고 있습니다.

코끼리와 숲과 감자 칩

사진과 글쓴 이·요코쓰카 마코토
옮긴 이·고향옥

도토리나무

▶ 코뿔새는 몸길이가 1미터 넘는 커다란 새로, 머리에 크고 빨간 뿔 같은 것이 달려 있다.

▼ 코주부원숭이는 커다란 코가 특징이며, 보르네오 섬에서만 볼 수 있다.

보르네오 섬은 세계에서 세 번째로 큰 섬이에요. 기후는 일 년 내내 고온다습하고, 열대우림이 있어요. 숲에는 코주부원숭이와 코뿔새, 오랑우탄 같은 많은 동물들이 살고 있지요. 특히 키나바탕안 강 유역은 야생동물을 관찰할 수 있는 곳으로 유명해요.

* 보르네오 섬은 우리나라에서 약 4천 킬로미터 정도 떨어진 거리에 있다.

대한민국 일본

키나바탕안 강

브루나이

말레이시아

인도네시아

보르네오 섬

▲ 오랑우탄은 보르네오 섬과 인도네시아의 수마트라 섬에서만 산다. '오랑우탄' 이름은 말레이 어로 '숲에 사는 사람'이라는 뜻이다.

나는 코끼리를 보고 싶었어요.
코끼리는 보르네오 섬에 사는 동물 가운데
몸집이 가장 큰 동물이에요.
코끼리는 드넓은 보르네오 섬 안에서도
한정된 지역에만 살아요.
그 한 곳이 키나바탕안 강 유역이에요.
나는 코끼리를 찾아 숲 속 깊숙이 들어갔어요.

해가 머리 꼭대기에 떴을 때,
어둑어둑한 숲에서 코끼리를 발견했어요.
코끼리는 밤에도 활동할 때가 많아서,
낮에 숲에서 잠을 자거나 쉬기도 해요.
숲에서 코를 찌르는 코끼리 냄새가 풍겨왔어요.
동물원에서 맡았던 코끼리 냄새보다 훨씬 강했어요.
자연 속 코끼리는 숲에서 가만히 쉬고 있어도
무척이나 기운 차 보였어요.
이 날은 코끼리를 한 마리밖에 보지 못했어요.
나는 더 많은 코끼리를 보고 싶어
날마다 보트를 타고 강을 따라 찾아다녔어요.

코끼리를 찾아다닌 지 사흘째가 되던 날 저녁,
나는 마침내 코끼리 무리를 만났어요.
자그마치 80마리나 되는 큰 무리였지요.
눈앞에서 코끼리들의 울음소리와 숨소리가 들리고
코를 찌르는 코끼리 냄새가 풍겨 왔어요.
나는 한동안 할 말을 잃었어요.

코끼리들은 강 주변에
뿔뿔이 흩어져 있었어요.
물을 끼얹는 코끼리,
진흙 목욕을 하는 코끼리,
물속에서 장난을 치는 코끼리,
풀을 뜯는 코끼리,
진흙을 먹는 코끼리,
진흙 놀이를 하는 코끼리,
모두들 아주 아주 신이 났어요.

코끼리들이 노는 모습은
개나 고양이가 뛰노는 모습과
다르지 않았어요.
몸집이 크고 힘이 센 코끼리가
그토록 표정이 풍부하고 사랑스러운
동물이란 걸 그때 처음 알았지요.
나는 단박에 코끼리를 좋아하게 되었어요.

강 건너에도 코끼리가 몇 마리 있었어요.
나는 강 건너 쪽으로 갔어요.
여기에 있는 코끼리들은 즐겁게 놀지 않았어요.
오히려 긴장한 듯 보였어요.

바로 그때, 코끼리들이 강을 건너기 시작했어요.
강 건너 큰 무리가 있는 쪽으로요.

아기 코끼리도 한 마리 있었어요.
아기 코끼리는 어미 뒤를 따라 어푸어푸하며 강을 건너고 있었어요.
많이 힘들어 했어요.
금방이라도 물속으로 가라앉을 것 같아 도저히 보고 있을 수 없었어요.

코끼리들이 왜 힘들게 강을 건너 가는지, 비로소 그 까닭을 알았어요.
바로 강 건너 큰 무리에게 가기 위해서였어요.
처음에 봤던 80마리나 되는 코끼리들은 먼저 강을 건넌 뒤,
남은 코끼리들이 강을 건너오기를 기다린 거예요.

'푸우푸우' 이상한 소리가 들렸어요. 아기 코끼리가 강물을 먹었나 봐요.
물속으로 가라앉으면 어쩌나 걱정하는데. 어미 코끼리가 몸을 기울여 아기 코끼리를 등에 태웠어요.
그리고 계속 강을 건넜어요. "조금만 더. 조금만 더. 힘 내!". 나도 모르게 소리쳤어요.

어미와 아기 코끼리가 무사히 강을 건넜어요.
아기 코끼리는 마음이 놓였던지 어미에게 응석을 부렸어요.
이윽고 어미와 아기 코끼리는 숲 속으로 사라졌어요.
"코끼리들은 먹을 것이 없으면 강을 건너가요. 숲이 줄어든 걸 알거든요."
안내원이 코끼리가 강을 건너가는 까닭을 이야기해 주었어요.
그때 나는 안내원의 설명을 이해할 수 없었어요.
아무리 주위를 둘러봐도, 얼마든지 먹이가 있을 것 같은 열대우림이 펼쳐져 있었으니까요.

이튿날 나는 '숲이 줄어든다'는 게
무슨 말인지 궁금해서, 헬리콥터를 타고
키나바탕안 강을 살펴보기로 했어요.
하늘에서 내려다보니, 끝없이 펼쳐진
초록 숲 사이로 강이 굽이굽이 흐르고 있었어요.
하지만, 짙은 초록 숲은 기름야자나무의
한 종류인 팜나무를 기르는
아주 큰 농장이었어요.
사람들이 숲의 나무들을 모두 잘라내고,
팜나무를 심은 곳이지요.
야생동물은 이런 농장이 있는
곳에서는 살 수 없어요.
그래서 코끼리와 다른 야생동물들은
강 주변에 조금 남아 있는 좁은 자연 숲에서
사는 거였어요.

◀ 아주 큰 팜나무 농장이 지평선까지 펼쳐져 있다.

◀ 수확한 팜나무 열매를 트럭에 실어 공장으로 나른다. 팜나무 열매를 수확하고 나서, 24시간 안에 기름을 짜지 않으면 품질이 떨어진다.

◀ 팜나무와 팜나무 열매

이렇게 많은 팜나무를 심은 까닭은 팜나무 열매에서 '팜유'라는 기름을 얻기 위해서예요. 나는 섬에 있는 동안, 수확한 팜나무 열매를 실은 트럭이 흙먼지를 날리며 달리는 모습을 날마다 봤어요.

팜유가 나오기까지

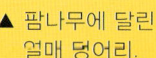
▲ 팜나무 열매 덩어리에서 떼낸 열매들.

◀ 갓 짜낸 팜유

1 ▲ 팜나무에 달린 열매 덩어리.

2 ◀ 열매가 익으면 수확한다.

3 ▶ 트럭으로 공장에 나른다.

4 ◀ 90분 동안 찐 다음, 기계로 열매들을 하나하나 떼어 낸다.

5 ▶ 열매에서 기름을 짜낸다.

6 ◀ 깨끗한 기름을 얻기 위해 찌꺼기를 걸러 낸다.

나는 공장에서 기름을 짜내는 과정을 지켜봤어요. 열매를 살짝 만져 보니 손에 기름이 묻었어요. 팜나무 열매는 손에 묻을 정도로 기름이 많이 들어 있어요.

이 팜유는 세계로 수출되어
많은 것들을 만드는 데 쓰여요.
예를 들면, 감자 칩이나 컵라면,
마가린 같은 많은 식품을 만들 때 쓰이지요.
또한 세제나 샴푸, 잉크, 화장품
같은 것을 만드는 데에도 쓰이고요.
우리의 풍족한 생활을 위해
어마어마하게 많은 팜나무를 심는 거예요.
하지만 그 때문에 동물들은
살 곳을 빼앗기고 있어요.
나는 그 사실을 알고 충격을 받았어요.

농장 안에 코끼리가 들어 왔어요.
팜나무들이 쓰러지고 농장이 엉망이 되었죠.
다른 곳에서는 코끼리가 사람이 사는 집을 부쉈어요.
사람들은 겁이 나서 무턱대고 도망갔고요.
이런 일을 많이 겪다 보니 코끼리와 사람이
함께 사이좋게 사는 게 어려운가 봐요.

▲ 사람이 기름을 뿌리고 불을 붙인 코끼리의 등. 살갗이 문드러졌다.

보르네오 섬을 떠나던 날 아침.
나는 코끼리가 진흙탕에 빠져
움직이지 못한다는 소식을 들었어요.
바로 그 곳으로 갔어요.
마을 사람들이 굴착기로
진흙탕에 빠진 커다란 코끼리를
천천히 밀어내고 있었어요.
코끼리가 무사히 빠져 나오자,
지켜보던 사람들이 "성공이다!"
"잘 됐어. 잘 됐어."라며
환호성을 질렀어요.

나는 아이를 안고 있는 남자에게 물었어요.
"코끼리를 싫어하지 않으세요?"
"아니요. 아주 좋아합니다."
남자는 환하게 웃으며 대답했어요.
"코끼리가 가끔 밭을 엉망으로 만들긴 해요.
하지만 원래 코끼리들이 다니는
길이었으니까 어쩔 수 없죠."
그렇게 말하고 숲으로 돌아가는
코끼리를 한참동안 바라봤어요.

코끼리가 키나바탕안 강에서 느긋하게 목욕을 하고 있어요.
숲 속 나무를 잘라낸 사람과 똑같은 나를 보고도,
화를 내는 것 같지는 않았어요.
코끼리와 눈이 마주쳤어요.
신기하게도 그 눈동자가 조그만 지구로 보였어요.
눈동자는 "지구는 사람만 사는 곳이 아니야."라고
말하는 것 같았어요.

우리들이 먹고 쓰는 것들 가운데에는
살아 있는 많은 생명들을 희생해서
만들어진 것들이 많아요.
그것을 알면 생각 없이 먹고, 마시고,
물건을 함부로 쓸 수 없겠지요.

보르네오 섬에서 지금 무슨 일이 일어나고 있는지,
지구에서 무슨 일이 벌어지고 있는지,
나는 코끼리를 통해서 알았어요.
하지만 나는 보르네오 섬과 지구의 문제를
해결할 방법을 찾기 위한 첫 걸음을 내디뎠을 뿐이에요.
첫 걸음은, 바로 '아는' 것이에요.

보르네오 섬은?

보르네오 섬의 크기는 약 74만 3330평방킬로미터로 남한과 북한을 합친 우리나라 크기보다 약 3.5배만큼 더 커요. 그린란드, 뉴기니아 섬 다음으로 세계에서 세 번째로 큰 섬이에요. 보르네오 섬은 인도네시아 어로 '칼리만탄 섬'이라고 하기도 해요.

보르네오 섬은 적도 바로 밑에 있고, 기후는 일 년 내내 비가 많이 내리는 열대기후예요. 인도네시아, 말레시아, 브루나이, 이 세 나라가 보르네오 섬에 속해 있어요 (본문 2쪽 지도 참조).

보르네오 섬에 사는 코끼리

보르네오 섬에 사는 코끼리는 아시아코끼리의 한 종류이지만 태국이나 인도에서 사는 아시아 코끼리와 비교하면 몸집이 작아요. 체형은 둥그스름하고, 엄니는 똑바로 뻗어 있으며, 꼬리는 땅바닥에 닿을 정도로 긴 것이 특징이에요. 말레시아의 사바 주를 중심으로 천 마리에서 2천 마리 정도가 있으며, 15~80마리 정도씩 무리지어 살아요. 무리의 우두머리는 암컷이고, 어른 수컷은 거의 무리와 함께 살지 않는 듯해요. 수명은 약 60~70년이며, 초식성으로 벼과의 식물이나 키 작은 나무의 이파리 따위를 먹어요. 단 것이나 쓴 것은 좋아하지만 신 것은 싫어해요.

▲ 보르네오 섬에 사는 아기 코끼리

팜유란?

팜유는 서아프리카가 원산지인 기름야자나무 열매에서 나오는 기름이에요. 과육에서는 팜유가. 씨앗에서는 팜 핵유가 나와요. 이 책에서는 팜유과 팜 핵유를 아울러서 팜유라고 했어요.

팜유는 세계에서 가장 많이 쓰이는 식물성 기름이에요. 인스턴트 면이나 스낵과자, 패스트푸드, 튀김용 기름뿐만 아니라. 냉동식품, 레토르트식품, 마가린, 락토 아이스크림, 가루 우유 같은 많은 식품의 원재료로 쓰여요. 그 밖에도 주방 세제, 세탁세제, 비누, 화장품, 잉크, 양초, 나아가 바이오디젤 연료에까지 폭넓게 쓰이고 있어요. 팜유가 이만큼 널리 쓰이는 것은. 다른 식물성 기름보다 값이 싸고, 동물성 기름보다 해롭지 않고, 석유에서 채취하는 기름과 비교했을 때 친환경적이라는 점 때문이에요.

▲ 기름야자나무의 열매를 자른 면. 오렌지색 부분이 과육으로 팜유, 흰 부분은 씨앗으로 팜 핵유를 얻을 수 있다.

팜유 자체는 나쁘지 않아요. 얄궂게도 우리가 건강과 환경에 좋은 것을 추구하면서, 팜유를 많이 만들다 보니 열대우림이 사라지고 여러 문제가 발생하는 것이죠. 이런 문제에 대응하기 위해서 2004년에 RSPO(지속가능한 팜유를 위한 원탁회의)라는 국제조직이 만들어졌어요. 열대우림의 안전과 다양한 문제에 대한 규정이 만들어졌고, 그 규정에 맞는 '인증 팜유'가 생산되고 있어요.

대규모 팜나무 농장 개발과 열대우림 보전

팜나무 농장 개발에 따른 열대우림이 없어지는 걸 막기 위한 단체로 세계자연보호기금재팬(WWF재팬)이나 보르네오보건트러스트재팬(BCTJ), 국제환경 NGO 프렌즈 오브 지 어스 재팬(FoE Japan), 메콩 워치 같은 여러 기관과 환경 NGO/ NPO 단체가 있어요. 보르네오보건트러스트재팬은. 이 책의 무대인 말레이시아 사바 주에 있는 키나바탕안 강 유역에서 '초록 숲 보전 프로젝트' 활동을 벌이고 있어요. 이 활동은 대규모 농장이 들어서서 갈라진 강가 지역에 있는 보호구와 보존림 사이에 있는 땅을 확보하여 동물들이 자유롭게 활동할 수 있도록 하는 일이에요.

그밖에도 물을 무서워하는 오랑우탄이 강 건너 숲으로 이동할 수 있도록 재활용 소방호스로 만든 '매단다리 프로젝트', 야생동물의 상처 치료, 동물들을 보호하기 위한 '구조센터 설립 프로젝트' 같은 사업을 벌이고 있어요.

◀ 동물들이 자유롭게 다닐 수 있게 소방호스로 만든 매단다리.

▲ 보르네오보전트러스트재팬이 하고 있는 '초록 숲 보전 프로젝트'의 진행 상황과 완성 후의 모습을 보여주는 지도.

작가의 말

야생동물을 카메라에 담기 위해 간 보르네오 섬에 있는 동안 숲에서 자른 나무를 싣고 달리는 트럭을 날마다 봤습니다. 우리가 집에서 텔레비전을 보며 웃을 때도, 밥을 먹을 때도, 목욕을 할 때도 열대우림 속 나무들은 계속 잘려나가고 있습니다. 나는 헬리콥터로 보르네오 섬을 내려다보면서 충격을 받았습니다. 팜나무 농장이 지평선 끝까지 이어져 있는 광경은 지금도 잊을 수가 없습니다. 숲과 그 숲에서 살아가는 생물들의 희생으로 내 자신이 편안히 지내고 있다는 것을 알았을 때 큰 충격을 받았습니다.

보르네오코끼리를 촬영하면서 '안다'는 것에 첫발을 내딛었습니다. 내가 할 수 있는 일은, 내가 알고 있는 것을 많은 사람에게 알리기 위해 사진을 발표하고 글을 쓰는 것입니다.

그리고 나는 지금 막 두 번째 걸음을 내딛었습니다.

사진과 글 요코쓰카 마코토

1957년 일본 가나가와 현에서 태어났습니다. 일본사진가협회 회원으로 잡지 편집자로 일했고, 지금은 사진가로서 폭넓은 분야에서 활동하고 있습니다.

오키나와 현 이리오모테 섬의 살쾡이를 중심으로 자연 속에서 살아가는 동물들을 꾸준히 카메라에 담고 있습니다. 또한 보르네오 섬, 코스타리카, 마다가스카르 섬 등 세계 여러 나라를 다니면서 미래 세대에 남기고 싶은 자연의 모습을 있는 그대로 카메라에 담고 있습니다. 지금은 보르네오보전트러스트재팬 이사로도 활동하고 있습니다.

찍고 만든 책으로는 《코끼리가 건너는 강》, 《사가리바나》, 《오랑우탄을 만나러 가다》, 《열대우림 모음집》들이 있습니다.

옮긴이 고향옥

동덕여자대학교와 대학원에서 일본 문학을 공부하고, 일본 나고야대학에서 일본어와 일본 문화를 공부했습니다. 지금은 한일 아동문학연구회에서 어린이 문학을 공부하며 번역가로 활동하고 있습니다. 그동안 옮긴 책으로는 《나는 입으로 걷는다》, 《우리들의 7일 전쟁》, 《처음 자전거를 훔친 날》, 《추억을 파는 편의점》, 《혼나지 않게 해 주세요》, 《내 입속에 충치 가족이 살아요》, 《평화를 꿈꾸는 도토리나무》들이 있습니다.